ANALIZA KSIĄŻKI

AF143871

Trzej Muszkieterowie

· · · · · · · · · · · · · · · ·

ALEXANDRE DUMAS

ANALIZA KSIĄŻKI

Napisany przez Lucile Lhoste
Przetłumaczony przez Kâmil Kowalski

Trzej
Muszkieterowie

ALEXANDRE DUMAS

ALEXANDRE DUMAS

PISARZ FRANCUSKI

- **Urodzony w Villers-Cottêrets w 1802 r.**
- **Zmarł w Puys w 1870 r.**
- **Godne uwagi prace:**
    - *Pauline* (1838), powieść
    - *Trzej muszkieterowie* (1844), powieść
    - *Hrabia Monte Christo* (1844-1845), powieść

Alexandre Dumas (1802-1870), który często jest określany jako *père* (ojciec), aby odróżnić go od syna, był francuskim pisarzem, bliskim romantyzmowi. Syn generała pochodzenia afrokaraibskiego, od najmłodszych lat zaczął pracować, zanim skierował swoją uwagę na pisanie. Szybko znalazł sukces dzięki swoim wodewilom i dramatom historycznym. Następnie napisał imponującą liczbę dzieł, w tym *Henryk III i jego dwór* (1829) i *Kean* (1836). Ale to jego serie sag historycznych przyniosły mu prawdziwą popularność, zwłaszcza trylogia *Trzej muszkieterowie* w 1844 roku czy *Hrabia Monte Christo* w tym samym roku.

TRZEJ MUSZKIETEROWIE

HISTORIA ŻYCIA MUSZKIETERA, KTÓRY STAŁ SIĘ SŁAWNY

- **Gatunek:** powieść

- **Wydanie referencyjne:** Dumas, A. (1853) *Trzej muszkieterowie*. Tłum. Robson, W. London: George Routledge and Co.

- **Pierwsze wydanie:** 1844

- **Tematy:** więzienie, ucieczka, zemsta, niesprawiedliwość

Trzej muszkieterowie to najsłynniejsze dzieło Alexandre'a Dumasa. Opublikowani w dzienniku w 1844 roku w formie powieści seryjnej, *Trzej muszkieterowie* są pierwszą częścią trylogii stworzonej przez pisarza. W pierwszym tomie śledzimy postępy d'Artagnana, kadeta z Gaskonii, który przybywa do Paryża i dołącza do królewskich muszkieterów.

Powieść odniosła spektakularny sukces: sprzedaż gazety wzrosła w czasie, gdy dzieło było publikowane, a historia została następnie wydana w jednym tomie.

ANALIZA

ROZDZIAŁY 1-10

D'Artagnan, młody Gaskończyk (czyli ktoś z Gaskonii), przybywa do Paryża w 1625 roku. Po raz pierwszy pojawia się w nowym świecie. Wchodzi w zatarg z Rochefortem, którego jeszcze zobaczy, i przeżywa pierwsze upokorzenie w obecności Milady. Później prowincjał zostaje powitany przez M. de Tréville, kapitana muszkieterów, który zgadza się, by d'Artagnan mógł do nich dołączyć, nie mogąc jednak nadać mu tytułu, zanim rozpocznie z nimi kampanię.

Pierwsze spotkanie z muszkieterami nie wróży nic dobrego, gdyż d'Artagnan w ciągu kilku minut zdąża stanąć po złej stronie Atosa, Portosa i Aramisa. Pierwsza walka z ludźmi kardynała ma miejsce po odwiecznym konflikcie, który szaleje między strażnikami króla i tymi z M. le Cardinal (Richelieu był francuskim prałatem i mężem stanu, 1585-1642). D'Artagnan zaczyna rozumieć, że knowania są powszechne. Dowiadując się, że jedna z dam dworu królowej Anny Austriackiej (1601-1666) została porwana przez Rocheforta, poświęca się odnalezieniu jej i ratuje ją z pułapki na myszy.

ROZDZIAŁY 11-19

D'Artagnan spotyka Madame Bonacieux u księcia Buckingham: ona prowadzi go do domu królowej. Młody człowiek odkrywa, że tajemnice dotyczące miłości i polityki łączą wszystkich, których spotkał od czasu przybycia do Paryża. Rochefort mówi kardynałowi, że królowa podarowała księciu Buckingham diamentowe zapinki podarowane jej przez króla. Kardynał knuje więc, by Ludwik XIII (król Francji, 1601-1643) zorganizował bal i zażądał od królowej noszenia zapinek.

ROZDZIAŁY 20-24

Muszkieterowie i d'Artagnan wyruszają do Londynu, by odzyskać zapinki, które królowa podarowała Buckinghamowi. Ten ostatni, po przybyciu d'Artagnana (muszkieterowie zostali przecież we Francji), może jedynie zaświadczyć o utracie dwóch z dwunastu zapinek. Książę rozumie, że ten pechowy rozwój wypadków zawdzięcza Milady, która podczas poprzedniego balu przysunęła się bliżej niego i zdołała mu je ukraść. Buckingham zastępuje brakujące zapinki nowymi i organizuje powrót d'Artagnana do Francji. Rozpoczyna się bal, a królowa nie ma zapinek. Król wysyła ją, aby je znaleźć. Kardynał następnie pokazuje królowi dwie zapinki, sugerując że Milady wysłała go w celu ujawnienia niewierności królowej. Królowa pojawia się ponownie nosząc 12 zapinek. Madame Bonacieux aranżuje pisemne spotkanie z d'Artagnanem, który nie jest świadomy, że chce go wciągnąć w pułapkę. On czeka na próżno i ostatecznie wyrusza w poszukiwaniu swoich trzech przyjaciół.

ROZDZIAŁY 25-32

Kilka dni później czwórka przyjaciół łączy się ponownie w Paryżu. Mają wtedy 15 dni na przygotowanie się do wyjazdu na kampanię dla Jego Królewskiej Mości. D'Artagnan zdaje sobie sprawę, że Milady nie jest obce spotkanie rzekomo umówione przez Madame Bonacieux przed jego wyjazdem i dlatego wie o jej drugim porwaniu. Po pojedynku z lordem de Winter dworuje sobie z siostrą Milady i odwiedza ją codziennie.

ROZDZIAŁY 33-40

Kiedy d'Artagnan odkrywa, że wysłanniczka kardynała, Milady, nie żywi do niego uczuć, a wręcz go nienawidzi, obiecuje sobie, że się zemści. Udając mężczyznę, którego kocha Milady, Gaskończyk zakrada się do jej sypialni i łączy się z nią w ciemności. Później wyznaje Milady swoje kłamstwo i odkrywa jej sekret: jest naznaczona fleur-de-lis, symbolem oznaczającym, że jest przestępcą. D'Artagnan otrzymuje propozycję wstąpienia do gwardii kardynała, ale odmawia.

ROZDZIAŁY 41-46

Muszkieterowie odbijają La Rochelle, będącą pod oblężeniem, które przeciwstawiało się Francji, od kardynała Richelieu, dla Anglików, a przede wszystkim Buckinghama. D'Artagnan zostaje prawie zabity przez człowieka wysłanego przez Milady, ale pokonuje go i dołącza do swoich towarzyszy. Muszkieterowie dla bezpieczeństwa udają się do Auberge du Colombier Rouge. Ze swojego pokoju muszkieterowie słyszą, dzięki rurze pieca, rozmowę kardynała z Milady, w sypialni nad ich własną. Podczas tej rozmowy Richelieu zleca swemu emisariuszowi zamordowanie Buckinghama, a sam prosi o pozbycie się w zamian Madame Bonacieux i jej kochanka d'Artagnana. Po tych rewelacjach muszkieterowie działają szybko. Aramis i Portos wyjeżdżają z Richelieu, natomiast Atos, uznawszy, że Milady jest jego byłą żoną, grozi jej ujawnieniem wszystkiego, co o niej wie, jeśli nie odda podpisanego in blanco dokumentu, który wręczył jej kardynał. Milady spełnia warunki i następnego dnia wyjeżdża z Francji do Anglii w nadziei na zabicie księcia.

ROZDZIAŁY 47-58

Muszkieterowie czują potrzebę spotkania się, by kardynał niczego nie podejrzewał. Decydują się zatem na obronę bastionu, by skorzystać z ich rady. Zapada decyzja, by napisać do brata Milady, aby odsłonił plany siostry, a także napisać do Madame de Chevreuse, do której dworuje Aramis, by ta zapytała swoją przyjaciółkę, królową, gdzie można znaleźć Madame Bonacieux.

Po przybyciu do Anglii Milady zostaje uwięziona przez lorda de Winter, którego ostrzegli muszkieterowie. Sytuacja ta nie trwa długo, gdyż Milady sprytnie uwodzi strażnika, przemawiając do niego i z jego pomocą ucieka.

Odpowiedź na list napisany do Madame de Chevreuse informuje d'Artagnana, że Madame de Bonacieux przebywa w klasztorze w Bethune.

ROZDZIAŁ 59

Żołnierz, oczarowany Milady i poruszony historiami, które mu opowiedziała, myśli, że mści ją, idąc zabić Buckinghama. Lord de Winter przybywa zbyt późno, by uratować księcia, ale w porę, by aresztować mordercę.

ROZDZIAŁY 60-62

Nadszedł czas, aby muszkieterowie jak najszybciej dotarli do Madame Bonacieux. W tym samym czasie Milady również wyrusza do klasztoru w Bethune. Po dotarciu na miejsce udaje jej się dostać do domu karmelitanek i subtelnie uzyskać informacje od opatki.

Opatka przedstawia ją Madame Bonacieux. Milady nawiązuje rozmowę do momentu, w którym rozpoznaje kobietę i ściga jej kłamstwo do tego stopnia, że lniana służąca królowej myśli, że jest z sojusznikiem. Milady dowiaduje się, że muszkieterowie mają wkrótce przybyć po Madame Bonacieux.

ROZDZIAŁY 63-64

Milady, zatruwszy szklankę Madame Bonacieux, ucieka. Kiedy d'Artagnan przybywa, jest umierająca, ale znajduje siłę, by porozmawiać z nim o swojej towarzyszce, hrabinie de Winter. Przybywa również Lord de Winter, co zwiększa liczbę osób chcących pokonać Milady do trzech: Atos, lord de Winter i d'Artagnan. Wszyscy postanawiają ją ukarać i odchodzą w towarzystwie tajemniczego mężczyzny przyprowadzonego przez Atosa.

ROZDZIAŁY 65-67

Mały oddział, prowadzony przez służących, dociera do odosobnionego domu, w którym ukrywa się Milady. Wszyscy są zgodni, że powinna zostać osądzona. Każdy oskarża ją o zbrodnie i żąda kary śmierci. Tajemniczy mężczyzna, który okazuje się być katem, który naznaczył jej ramię, wyprowadza ją, by ją zabić.

EPILOG

Po powrocie króla do Paryża, d'Artagnan zyskuje rangę muszkietera, podczas gdy każda osoba prowadzi dalej swoje życie.

STUDIUM POSTACI

D'ARTAGNAN

Bohater powieści serialowej jest inspirowany postacią historyczną, Charlesem de Batz-Castelmore, Comte d'Artagnan (1610-1673). Alexandre Dumas przed napisaniem *Trzech muszkieterów* przeczytał poświęcone mu dzieło.

Młody Gaskończyk przybywa do Paryża, a jego postać zostaje opisana już na pierwszych stronach powieści. Jest on opisany w porównaniu do postaci Don Kichota i w sposób bardzo stereotypowy.

 DOBRZE WIEDZIEĆ: DON KICHOT

Don Kichot to znany bohater tytułowej powieści Cervantesa (pisarz hiszpański, 1547-1616). Po raz pierwszy w literaturze (1605) główny bohater powieści nie spełniał cech, których się od niego oczekuje. Nie miał on rangi bohatera i trzymał wielu czytelników w napięciu, nawet do dziś. Don Kichot jest antybohaterem: jest naiwny i idealistyczny. Naczytał się za dużo opowieści o rycerstwie i myśli, że może uratować świat na swoim starym koniu, w towarzystwie wiernego towarzysza Sancho Pansy, atakując zwłaszcza wiatraki, które myli z olbrzymami.

Przez całą opowieść d'Artagnan towarzyszy swoim muszkieterom, jako strażnik króla. Podczas egzekucji Milady postanawia pomścić Madame Bonacieux, którą kochał. Jego szkolenie na muszkietera dobiega wówczas końca.

Reprezentuje nowoczesne państwo Francji, które rozpoczęło się od oblężenia La Rochelle, oraz nowe pokolenie mężczyzn.

ATOS

Uosabia on wartości starej arystokracji, a więc ma postawę przestarzałą. Aby zwiększyć wspaniałość tej postaci, Dumas kojarzy ją ze znaczącymi przodkami.

Atos jest najbardziej obecnym muszkieterem w opowieści Dumasa, ponieważ stanowi dla d'Artagnana wzór do naśladowania, postać ojca. Niemniej jednak, jak wszyscy inni muszkieterowie, nie ma on tylko dobrych cech. Jego zamiłowanie do hazardu i alkoholu pokazuje wizję, jaką Dumas ma na temat otaczającego go społeczeństwa: wielkie wartości szlachetności są stopniowo tracone.

ARAMIS

Aramis, który jest najbardziej oddalonym muszkieterem od d'Artagnana, jest mało opisany, co czyni go postacią bardziej dyskretną, trudną do zrozumienia. Czytelnik dowiaduje się, że Aramis szczególnie interesuje się religią, a także Madame de Chevreuse. W korespondencji, którą Aramis dzieli z tą ostatnią, wyjawia jej ważne informacje, które pozwolą na konfrontację z wrogiem.

PORTOS

Przedstawiony jest jako postać stosunkowo prosta: jest najmniej inteligentny z muszkieterów i zachowuje w pewnym sense dziecięcego ducha. W powieści jest zawsze gotowy do pomocy, wydaje się być ceniony przez większość i łatwo go zadowolić.

Portos poszukuje uznania i prestiżu. Dumas maluje, poprzez tę postać, portret żądnej władzy klasy średniej.

MILADY

Najważniejsza postać kobieca w powieści, Milady pojawia się w pierwszym rozdziale i pojawia się ponownie w zakończeniu historii, która kończy się jej egzekucją przez muszkieterów. Choć jej wygląd fizyczny jest opisany na początku książki, Milady pozostaje tajemnicza. Czytelnik odkrywa jej sekrety przez całą powieść.

Z psychoanalitycznego punktu widzenia uosabia ona figurę kazirodczej matki, gdyż wchodzi w związek z mężczyzną, który jest dla niej jak syn, d'Artagnanem.

Tradycyjnie uważana za czarny charakter, Milady jest postacią, której należy się przyjrzeć głębiej: z jednej strony d'Artagnan ją gwałci, z drugiej strony zostaje zamordowana, nie mając innego osądu niż jej ofiary. Te elementy powodują, że czytelnik ma inną wizję jej osoby niż tylko "zła" postać.

KONSTANCJA BONACIEUX

Ta druga postać matczyna jest postacią fikcyjną, stworzoną w całości przez Dumasa. Jest ona lnianą służącą Anny Austriaczki, a także żoną Monsieur Bonacieux, gospodarza domu młodego d'Artagnana. Zostaje porwana i uratowana przez przyszłego muszkietera, który się w niej zakochuje.

Uosabia dobrą matkę, ponieważ – zabita (po otruciu przez Milady) przed rozpoczęciem związku z d'Artagnanem (jej symbolicznym synem) – unika kazirodczego związku, który zmieniłby ten łagodny wizerunek.

ANALIZA

POWIEŚĆ SERYJNA

Trzema muszkieterami Dumas spróbował swoich sił w gatunku serialowym, który opiera się na zasadzie, że czytelnik dowie się co będzie dalej "w następnym numerze". *Trzej muszkieterowie* ukazywali się w *Le Siècle* (francuski dziennik) od marca do lipca 1844 roku.

W latach 1830-1840 powieści seryjne odniosły spektakularny sukces dzięki rozwojowi prasy i czołowych gazet codziennych. Ponieważ płacono im za każdą linijkę, autorzy wybierali tę metodę publikacji ze względu na zysk, jaki mogła przynieść.

Wydawanie w tej formie wiąże się z pewnymi zasadami, które możemy znaleźć w powieści Dumasa:

- Autor musi codziennie wyprodukować fikcyjną pozycję, która będzie zarówno autonomiczna, jak i w ciągłości z poprzednimi i przyszłymi odcinkami.

- Autor, opłacany za wiersz, dodaje wiersze i komponuje długie utwory: powstały styl jest przeciwieństwem prostego.

- Autor, pisząc pilnie z dnia na dzień, regularnie ucieka się do klisz, stereotypów i pospolitej fantazji, które pozwalają uniknąć długich rozwinięć. Z tego samego powodu autor preferuje proste frazy, które unikają składniowego dochodzenia.

- Długość publikacji zmusza autora do pisania przypomnień o tym, co się wcześniej wydarzyło. Powieść składa się zatem z serii powtórzeń.

DZIEŁO NA STYKU WIELU GATUNKÓW.

Trzej muszkieterowie to powieść seryjna, nietypowy gatunek, który Dumas zdołał najlepiej wykorzystać, bawiąc się oczekiwaniami czytelników. Z jednej strony wprowadza suspens i tworzy oczekiwanie na kolejną publikację, a z drugiej strony bawi się normami gatunków literackich:

- Struktura opowieści w codziennych epizodach przypomina powieść pikarejską, która opowiada przygody młodego człowieka o niskim statusie społecznym. Jednak tego typu dzieło, składające się z następujących po sobie podróży i opowieści, opowiada przygody bez ich łączenia. Inaczej jest w *Trzech muszkieterach*, którzy przedstawiają ciąg wydarzeń, które następują jedno po drugim.

- W ten sam sposób Dumas pozwala nam myśleć, że jego tekst można by porównać do powieści historycznej, podczas gdy *Trzej muszkieterowie* to opowieść, która swobodnie traktuje historię. Autor inspirował się postaciami historycznymi, ale kazał im przeżywać przygody, których nigdy nie doświadczyli. Niektórym, takim jak Portos, zachowuje tylko imię, i daje im nowy wygląd i inną osobowość. Pierwsze linie opowieści wyglądają tak, by nadać kolejnym wydarzeniom wiarygodny obraz. Autor oferuje ramy, które dają wrażenie historycznej dokładności: czas, miejsce i odniesienia do rzeczywistości. Jednak bardzo szybko Dumas porzuca wielką historię, by skupić się na fascynujących przygodach muszkieterów.

- W trakcie opowieści czytelnik poznaje również romantyczne przygody muszkieterów. Jeśli chodzi o d'Artagnana, ma on powody, by oczekiwać romantycznej fabuły z delikatną Konstancją Bonacieux. Niemniej jednak czytelnik szybko się rozczarowuje, gdyż związek ten nigdy nie staje się rzeczywistością, a młody Gaskończyk posuwa się do gwałtu na Milady. Poprzez zwiększenie tego typu nieprzewidzianych wydarzeń, Dumas udaremnia romantyczną powieść.

- Wreszcie jest to powieść popularna, która wydaje się najbardziej związana gatunkowo z *Trzema muszkieterami*. Ale i tam Dumas zapewnia, że jego dzieło nie odpowiada wszystkim cechom tego gatunku. Jedną z cech tradycyjnej powieści popularnej jest przedstawianie długich dialogów przeplatanych informacjami. Dumas preferuje bardziej dynamiczne sceny.

URZĄDZENIA NARRACYJNE STOSOWANE W POWIEŚCIACH SERYJNYCH

Ponieważ odcinki literatury pięknej ukazują się codziennie, Dumas musi sprawić, że czytelnik będzie chciał śledzić historię i kupować gazetę następnego dnia. Z tego powodu łatwość czytelnika jest jedną z motywacji autora. Widać to poprzez kilka wyborów:

- Rytm opowieści jest zróżnicowany i cykliczny. Dumas przeplata momenty akcji (zwane "punktami kulminacyjnymi") z momentami spokojnymi (zwanymi "latencjami"): te spokojne momenty przygotowują akcję, która rozgrywa się, a po niej od razu następuje kolejna przerwa. Na przykład epizod, w którym muszkieterowie zdobywają basztę, stanowi przerwę przygotowującą do kolejnych epizodów, zwłaszcza do śmierci Buckinghama. Po tym momencie akcji następuje kolejny spokojny moment związany z podróżą do klasztoru, gdzie przebywa Madame Bonacieux. Ta faza daje czytelnikowi czas na przyswojenie wydarzenia i przygotowanie się na kolejną akcję, śmierć Madame Bonacieux. Proces ten powtarza się w całej powieści i ma na celu nadanie czytelnikowi odpowiedniego tempa.

- Jednocześnie z tym ruchem narracja jest zdominowana przez akcję, na niekorzyść opisu. Scena polega na równoważności między czasem trwania akcji a czasem narracji. Dialog jest najlepszym przykładem akcji: czas potrzebny na rozegranie dialogu odpowiada czasowi potrzebnemu na zrelacjonowanie go w książce. Efektywność jest powodem wyboru Dumasa tutaj: ta zasada pozwala mu zarówno trzymać czytelnika na haku, jak i prowadzić go. Może on rzeczywiście przedstawić akcję najpierw, a następnie przypomnieć czytelnikowi o niej poprzez dialog, na przykład. Epizod zostaje w ten sposób przypomniany, poprzez inną formę narracji. Warto zauważyć, że znajdujemy to bardziej w scenach akcji, podczas gdy opisy zbiegają się bardziej z cichymi momentami.

SUKCESY I KRYTYKA PRACY

Wielu uważa *Trzech muszkieterów* za rozrywkową historię, którą mogłoby przeczytać dziecko. Niektóre wcześniejsze komentarze ukazały jednak złożoność tego dzieła. Dumas przestrzegał normy, by lepiej je zniekształcić, co świadczy o jego pomysłowości.

Ta idea rozrywki, którą przypisujemy lekturze tej historii, jest korzystna dla powieści, ale jest też równie szkodliwa:

- z jednej strony dzieło zostało przekazane potomnym i wszyscy znają tych czterech przyjaciół, skonfliktowanych z Miladą i strażnikami kardynała Richelieu;

- z drugiej strony niewielu krytyków wydaje się zainteresowanych tym tekstem. Mimo swojego bogactwa *Trzej muszkieterowie* nie mają niestety tylu wyróżnień, co dzieło Balzaka (pisarz francuski, 1799-1850).

W 1844 roku ta seryjna powieść wydawała się być dobrze przyjęta. Jej wydanie w formie tomu świadczy o sukcesie, gdyż tylko powieści seryjne, które miały wpływ na sprzedaż, otrzymywały drugie życie w formie książkowej. Losy powieści zależały od jej powodzenia: jeśli czytelnicy śledzili publikowane przygody, historia była kontynuowana, jeśli zaś nie miała poparcia czytelników, była ucinana, by zwolnić miejsce dla kolejnej.

Ta rzeczywistość wymagała od autorów zastosowania pewnych strategii. Mówiliśmy już, że Dumas chętnie sięgał po stereotypy. Dzięki temu mógł szybko odwołać się do wyobraźni czytelnika, który identyfikował się z daną postacią. Czując się z nimi blisko, czytelnik chciał poznać dalsze ich przygody i nadal kupował gazetę, w której ukazywał się tekst.

DALSZA REFLEKSJA

KILKA PYTAŃ DO PRZEMYŚLENIA...

- Dumas w *"Trzech muszkieterach"* często ucieka się do banałów. Podaj tego przykłady.

- Czy mamy podstawy sądzić, że poprzez tę powieść, której akcja rozgrywa się w XVIII wieku, autor w rzeczywistości maluje portret XIX-wiecznego społeczeństwa?

- Od pierwszych wersów opowiadania d'Artagnan porównywany jest do Don Kichota. Jaka jest według Ciebie rola tego porównania?

- Skąd bierze się opozycja między dobrą opinią dzieła u publiczności a pogardą krytyków?

- Co może tłumaczyć wielki sukces powieści seryjnych w okresie 1840 roku? Czy uważasz, że ten gatunek publikacji cieszyłby się powodzeniem również dzisiaj? Uzasadnij swoją odpowiedź.

- Wiele postaci w powieści można teoretycznie umieścić po stronie bohaterów, a pozostałe po stronie złoczyńców. Czy jednak te cechy są aż tak wyraźne? Uzasadnij swoją odpowiedź.

- Dominique Fernandez, autor eseju o Dumasie, powiedział o nim: "Dla mnie Dumas jest równy Balzacowi i Hugo [pisarz francuski, 1802-1885], i chciałem to uświadomić". Jaka jest Twoja reakcja na to po przeczytaniu o przygodach muszkieterów?

- Czy potrafisz znaleźć podobieństwa między powieścią serialową, taką jak *Trzej muszkieterowie,* a dzisiejszymi serialami telewizyjnymi?

DALSZE CZYTANIE

WYDANIE REFERENCYJNE

Dumas, A. (1853) *Trzej muszkieterowie*. Tłum. Robson, W. London: George Routledge and Co.

BADANIA REFERENCYJNE

Audet, R. et al (2002) Dossier Alexandre Dumas. *Le Magazine littéraire.* Issue 412, pp. 22-65.

Frigerio, V. et al (2010) Le Dossier: Alexandre Dumas. *Le Magazine littéraire.* Issue 494, pp. 50-83.

Biet, C., Brighelli, J.-P. i Rispail, J.-L. (1986) *Alexandre Dumas ou les Aventures d'un romancier.* Paris: Gallimard.

Wagner, F. (2002) Lire *Les Trois Mousquetaires* aujourd'hui. *Romantisme.* 115(1), pp. 53-63.

DumasPere.com (2016) *Alexandre Dumas. Deux siècles de literature vivante.* [Online]. [Dostęp 31 października 2010]. Dostępny w: <http://www.dumaspere.com>.

ADAPTACJE

Trzej muszkieterowie stali się legendarni. Adaptacje nie polegają już na sobie i swobodnie adaptują dzieło Dumasa. Podczas gdy niektóre epizody i postacie pozostają istotne, inne zostają zapomniane. Wśród wielu adaptacji możemy odnotować:

Trzej muszkieterowie. (1994) [Film]. Szczepan Herek. Reż. Austria/UK: Walt Disney Pictures.

Trzej muszkieterowie. (2011) [film]. Paul W.S. Anderson. Reż. Niemcy: Constantin Film Produktion.

Chcemy usłyszeć od Ciebie, co się dzieje!
Zostaw komentarz na temat swojej internetowej biblioteki
i podziel się swoimi ulubionymi książkami w mediach społecznościowych!

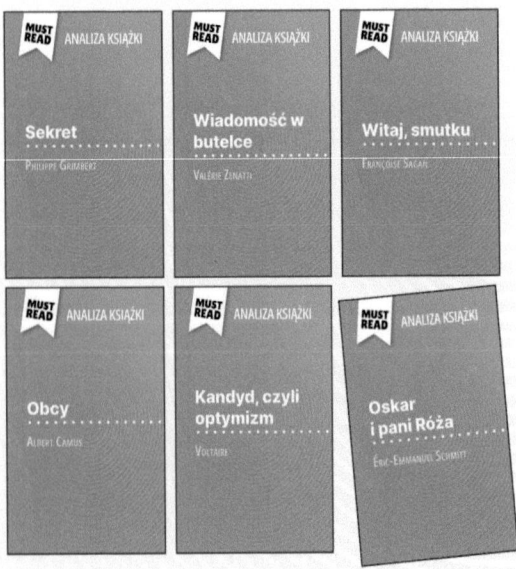

Wydawca zapewnia o wiarygodności publikowanych informacji,
co jednak nie może wiązać się z jego odpowiedzialnością.

© 50minutes.com, 2023. Wszelkie prawa zastrzeżone.

www.50minutes.com

Master ISBN: 9782808694728
Papierowy ISBN: 9782808616126
Depozyt prawny: D/2023/12603/1892

Verhaal: © Primento

Projekt cyfrowy: Primento, cyfrowy partner wydawców.